SOUVENIR DE LA SALETTE

LES

DEUX PLAIES DE LA FRANCE

OU LE

Dimanche non gardé et le Blasphème

PAR

G. CLÉMENT

EN VENTE :

Au Pèlerinage de N.-D. de la Salette ;
A Grenoble, chez Baratier frères et Dardelet ;
A Néris et a Montluçon (Allier).

———

LES
DEUX PLAIES DE LA FRANCE

OU

LE DIMANCHE NON GARDÉ ET LE BLASPHÈME

PAR

G. CLÉMENT.

EN VENTE :

Au Pèlerinage de N.-D. de la Salette ;
A Grenoble, chez Baratier frères et Dardelet ;
A Néris et a Montluçon (Allier).

LES
DEUX PLAIES DE LA FRANCE

OU

LE DIMANCHE NON GARDÉ ET LE BLASPHÈME

PAR

G. CLÉMENT.

I

PAUVRE FRANCE !...

Il y a vingt ans, le vicaire du Christ, l'immortel Pie IX, après avoir lu le secret des enfants de la Salette, le cœur brisé de douleurs, laissait tomber de ses lèvres émues ces paroles : Pauvre France !...

Pauvre France !... paroles prophétiques ! quel cœur français ne vous a pas redites dans les jours où nous sommes ?...

Oui, la France, notre patrie, est malheureuse !

Etendue sur un lit de douleurs, l'œil fiévreux, les joues brûlantes, elle a entendu l'arrêt terrible de ceux qu'on appelle les hommes de l'art.

Ils ont ordonné l'amputation et la saignée à blanc.

Et, comme un blessé qu'on a endormi, la France ne paraît pas sentir, ne paraît pas comprendre. Mais une heure viendra où elle sortira de ce sommeil fébrile... et alors, elle cherchera sa main, elle demandera son sang, elle voudra savoir pourquoi elle ne trouve que le vide...

Qu'on lui dise à cette heure, qu'on lui répète à cette France, à cette patrie d'autant plus aimée qu'elle est plus malheureuse :

O France, tu ne connais plus les jours de gloire, parce que tu as méconnu le jour de Dieu ;

O France, les nations ne respectent plus ton nom, parce que tu as blasphémé le nom de Dieu ;

Et cependant les avertissements ont été donnés...

Venus, avant nos malheurs, de la montagne de la Salette, c'est sur cette même montagne qu'ils doivent être répétés dans ces jours témoins de tant de larmes.

C'est sur cette même montagne que la France, avertie avec tant d'amour et coupable de tant d'indifférence, doit faire entendre le cri du repentir : J'ai péché, Seigneur... J'ai fait le mal devant vous... Elle est donc très-opportune, très-sage cette pensée d'une immense manifestation catholique à Notre-Dame de la Salette pour demander le salut de la France (1).

Oui, que là, il y ait amende honorable, réparation... que là, se forme une sainte croisade pour l'observation du dimanche et contre le blasphème.

____

(1) On sait que cette année un comité formé à Paris prépare un pèlerinage national, du 18 au 26 août, à la montagne de la Salette.

Que l'on promette, au nom de la France, d'obéir à N.-D. de la Salette... De là, viendra le salut.

Que tous lèvent les yeux vers cette montagne sainte.

II

NINIVE. — LA FRANCE.

Or, le Seigneur parla une seconde fois à Jonas et lui dit : Allez en la grande ville de Ninive, dont la malice s'élève jusqu'à moi.

Le prophète entre dans l'immense cité, et répète à haute voix : Dans quarante jours Ninive sera détruite.

Les Ninivites, pour apaiser la colère de Dieu, ordonnent un jeûne public, et se couvrent d'habits de pénitence depuis le plus grand jusqu'au plus petit.

Le roi se lève de son trône, quitte ses habits royaux, se couvre d'un sac et s'assied sur la cendre.

A cette vue, Dieu pardonne à Ninive.

A la France coupable, Dieu envoie plus qu'un prophète, plus que Jonas, il envoie sa Mère.

Et la Reine du monde a dit : Le jour de mon Fils n'est pas gardé, son nom n'est pas sanctifié ; je ne puis plus retenir le bras de mon Fils, car ce bras est lourd et pesant.

Et la terre de France a retenti des mille bruits du travail au jour que le Seigneur s'est réservé, et les édifices somptueux de ses cités superbes se sont élevés jetant un défi à l'Eternel ; et le blasphème s'est fait entendre comme une clameur de l'enfer.

Alors, sont venus ceux qui devaient prendre nos provinces et nous assiéger de toute part.

La France a entendu le bruit des roues qui se précipitent avec impétuosité, l'airain qui gronde comme la tempête, la cavalerie qui s'avance à toute bride.

Les fortifications ont été comme les premières figues qui tombent dans la bouche de celui qui veut les manger.

Le feu a consumé, l'épée a exterminé; et *aux jours du Seigneur*, l'épouvante, la terreur planaient sur la France, en ces jours arrivaient les sinistres nouvelles. O ville, ta ruine a été exposée aux yeux de tous... et tous ceux qui ont appris ce qui t'est arrivé, au lieu de plaindre ton sort, ont applaudi à tes maux.

Et cependant, dit le prophète Jonas, je savais, ô mon Dieu, que vous êtes un Dieu clément, bon, patient, plein de miséricorde et qui pardonnez les péchés.

Oui, Dieu a fait les nations guérissables, il avertit avant de punir. Mais si le péché national n'est pas expié par la nation, l'heure de la justice sonne pour elle ici-bas.

III

LES MESSAGERS DE L'AVERTISSEMENT.

Qui sont-ils ceux qui ont transmis l'ordre du ciel? Ainsi a parlé l'impiété en usant de moqueries.

Or, Samuel dit à Saül : Dieu vous a choisi pour vous combler d'honneur.

Et Saül répondit : Ne suis-je pas de la tribu de Benjamin, qui est la plus petite d'Israël? Et ma famille n'est-elle pas la moindre de toutes celles de cette tribu?

Je ne juge pas des choses par ce qui en paraît aux yeux des hommes, dit le Seigneur.

« Ah ! ah ! ah ! Seigneur mon Dieu, vous voyez que je suis incapable d'un tel ministère : je ne sais point parler, parce que je ne suis encore qu'un enfant *ayant à peine quinze ans.* »

Ainsi parlait Jérémie.

Le Seigneur dit : Ne dites point : *Je suis un enfant,* car vous porterez toutes les paroles que je vous commanderai de dire.

Ainsi est expliqué le choix de Dieu, qui jeta les yeux sur le berger Amos, lorsqu'il menait paître son troupeau, et l'envoya, comme son prophète, vers son peuple d'Israël.

Israël, Israël, terre de France, consulte les siècles anciens, tu apprendras que Dieu, pour agir, se sert de ce qui n'est pas.

Il a choisi deux jeunes bergers, les plus petits d'Israël... il leur a annoncé le sujet de sa colère et il leur a dit : *Vous le ferez passer à tout mon peuple.*

Et Maximin et Mélanie, deux enfants, ont exécuté l'ordre du ciel; et ils se sont montrés forts pour garder le secret du Roi, et ils se sont montrés habiles pour répandre le message.

Et encore une fois, Dieu a confondu la sagesse et la prudence du siècle.

IV

LE JOUR DE DIEU.

Et Dieu accomplit tout l'ouvrage qu'il avait résolu de créer, et il se reposa le septième jour ; or ce septième jour, où il cessa d'agir, Dieu le bénit et le sanctifia.

Il dit : Mon peuple, souviens-toi de sanctifier le jour du sabbat ; regarde-le comme un repos délicieux ; comme un jour saint et glorieux, tu le célébreras d'âge en âge.

Tu travailleras pendant six jours, je te les donne pour cultiver tes champs, bâtir tes demeures, tracer tes chemins, creuser tes canaux, dresser tes machines ; pendant ces jours, vends, achète, transporte les produits de ton industrie, fais tes échanges, cultive les sciences et les arts ; mais le septième jour est le jour du repos ; c'est le pacte entre Dieu et l'homme ; c'est le souvenir du repos éternel qui lui est destiné.

Heureux le fils de l'homme qui ne viole pas le jour de Dieu ! je lui donnerai, dit le Seigneur, une place avantageuse dans ma maison et un nom qui ne périra jamais ; en moi, il trouvera la joie, le bonheur de sa vie.

Quiconque travaillera ce jour-là, sera puni de mort.

Or, les enfants d'Israël étant dans le désert, il arriva qu'ils trouvèrent un homme qui ramassait du bois le jour du sabbat ;

Et l'ayant présenté à Moïse, à Aaron et à tout le peuple,

Ils le firent mettre en prison, ne sachant ce qu'ils en devaient faire. Alors le Seigneur dit à Moïse : Que cet homme soit puni de mort, et que tout le peuple le lapide hors du camp.

Ils le firent donc sortir dehors, et le lapidèrent, et il mourut, selon que le Seigneur l'avait commandé.

Il est écrit : Je les ai menacés de répandre ma fureur sur eux et de satisfaire ma colère, parce qu'ils ont violé mes sabbats.

Nicanor demanda aux Juifs s'il y avait un Dieu qui eût commandé qu'on honorât le septième jour.

Ils répondirent : C'est le Dieu vivant et le puissant Maître du ciel.

Il dit : Je suis aussi, moi-même, puissant sur la terre... Or, Machabée priait :

O Dominateur des cieux... que ceux qui méconnaissent votre saint jour, soient frappés de crainte...

Et Nicanor fut trouvé parmi les morts, couvert de ses armes.

Or, dit le Seigneur, comme les cieux nouveaux et la terre nouvelle que je vais créer, subsisteront toujours devant moi, ainsi les sabbats se changeront en un autre sabbat.

Alors, toute chair viendra se prosterner devant moi et m'adorer.

Et Dieu a envoyé son esprit, et ils ont été créés, et il a renouvelé la face de la terre.

Et les sabbats se sont changés en un autre sabbat, qui est le jour du Seigneur, jour du vrai soleil de justice; jour nouveau, parce que tout a été renou-

velé, les cieux, la terre et l'homme, et ce jour,
c'est le Dimanche.

V

LA FRANCE SANS LE JOUR DE DIEU.

Il est sous le ciel une nation aimée de Dieu; il
avait choisi ses enfants pour son peuple, son par-
tage, son héritage particulier; il les avait établis
par sa seule puissance sur une terre privilégiée.

Il conservait ce peuple comme la prunelle de son
œil, et lui confiait la défense de ses droits.

Et ce peuple si aimé de Dieu, ce peuple qui s'est
engraissé de ses dons, s'est révolté contre lui, il a
abandonné Dieu, son créateur, et s'est éloigné de
Dieu, son Sauveur; parmi tous les autres peuples,
il est le seul qui ne respecte pas le jour de Dieu.

Les enfants d'Israël que Dieu a dispersés parmi
tous les peuples, depuis une extrémité de la terre
jusqu'à l'autre, ce peuple qui ne trouve aucun repos
et qui ne sait pas seulement où asseoir en paix la
plante de son pied, les Juifs qui ne dédaignent pas
la graisse de la terre, connaissent le septième jour
et le sanctifient par le repos et la prière.

Sur les rives de la Tamise, centre de l'industrie d'un monde, il est une heure solennelle devant
le Seigneur; quand paraît le jour de Dieu, dans
l'immense cité, tout à coup le bruit cesse, le silence
enveloppe la grande ville; c'est le calme, le repos
du Seigneur. Londres connaît, respecte et garde le
jour que Dieu a béni.

Les peuples nouveaux, pleins de la sève de la liberté, viennent d'édicter des lois... ces lois disent que la paix, l'ordre, le progrès ne peuvent régner dans la société sans le jour de Dieu... et toute infraction à la loi du jour de Dieu est punie dans le Nouveau-Monde.

L'Arabe, fils du désert, obéit à la loi du repos.

Or, le dimanche se lève sur la France, et le laboureur continue d'appliquer tout son cœur à remuer la terre et à dresser des sillons; et celui qui travaille sur le fer, considère le fer qu'il met en œuvre; la vapeur du feu lui dessèche la chair et il ne se lasse point de souffrir l'ardeur de la fournaise.

Là, l'homme est enchaîné à des machines qui ne s'arrêtent pas, il vit dans des usines qui ne se ferment pas : sans relâche, ses fourneaux chauffent et ses cheminées fument.

Le soldat reçoit l'ordre de paraître devant ses chefs, à l'heure où Dieu l'attend dans ses temples.

Les rues et les places qui conduisent à la maison de Dieu pleurent, parce qu'ils sont peu nombreux ceux qui viennent aux solennités saintes.

Ne punirai-je point ces excès, dit le Seigneur, et ne me vengerai-je point d'une nation si criminelle?

VI

LE BLASPHÈME.

Il est écrit au livre de Dieu :

Il y a une parole qui est une parole de mort; cette parole est le mal pour le mal, la profanation de la parole, un crime de lèse-majesté divine, une dérision sacrilége de la prière; cette parole, c'est le blasphème contre Dieu.

Qu'elle ne se trouve jamais, cette parole abominable, dans l'héritage de Jacob, ni dans la bouche de ses enfants.

Celui qui aura maudit son Dieu portera la peine de son péché; il sera puni de mort.

Or, le fils de Salomith ayant blasphémé le *Nom saint* et l'ayant maudit, il fut lapidé par tout le peuple sur l'ordre de Dieu.

Voici ce que le Seigneur dit contre Sennachérib : A qui as-tu insulté? A qui s'adressaient tes blasphèmes? Tu as outragé le saint d'Israël : c'est moi que tu as attaqué. Je te mettrai un cercle dans les naseaux, et un mors à la bouche pour réprimer ta fougue.

Or, la nuit suivante, l'Ange du Seigneur vint dans le camp des Assyriens et tua cent quatre-vingt-cinq mille hommes.

Le roi survécut pour que la punition fût complète, et quelques jours après il fut assassiné par deux de ses fils dans le temple de son idôle.

Job n'ose pas nommer le blasphème. Le Juif, s'il l'entend, déchire ses vêtements. Inventé par la rage des démons, le blasphème n'aurait jamais dû sortir de l'enfer, seul séjour digne d'un tel monstre.

Hélas! ce n'est pas seulement sous les voûtes infernales qu'on l'entend mugir.

La terre a aussi des échos qui le répètent : les démons ont trouvé des complices de leur haine contre Dieu.

De la langue des enfers, le blasphème a passé

dans les langues humaines, il a passé jusque sur les lèvres des enfants de la fille aînée de l'Eglise, et ils ont ouvert la bouche contre le Ciel, et ils ont lancé la malédiction contre le Très-Haut.

Qui donc, Seigneur, exterminera le blasphème de dessus la face de la terre, et le reléguera à jamais dans l'abîme des feux éternels !

VII

LA FRANCE ET LE BLASPHÈME.

Ne souffrez pas, disait saint Louis, roi de France, à son fils, ne souffrez pas qu'aucun de vos sujets blasphème impunément Dieu ou ses saints.

Or, en nos jours, sur cette même terre de France, le blasphème est aussi répandu que l'air qui nous environne.

C'est de la France que, pendant près d'un siècle, s'est élevé ce cri :

Ecrasons l'infâme... et ces blasphémateurs ont perdu trois générations ; sous leurs pas se sont ouverts les gouffres de la révolution et de la terreur ; ils ont fermé le ciel à leurs derniers soupirs ; ils ont voilé le soleil aux yeux affaiblis d'un siècle tout entier.

Et maintenant la France blasphème dans les romans, dans les revues, dans les feuilles publiques.

Une immense armée de blasphémateurs monte à l'assaut du Ciel sur tous les points à la fois, entraînant derrière elle des peuples entiers.

Blasphèmes contre Dieu, contre l'Eglise, contre le sanctuaire, contre la parole divine. Blasphèmes scientifiques, blasphèmes littéraires, blasphèmes des grands et des petits, des princes et des peuples ;

Blasphèmes contre les saisons, les vents, les pluies, la terre, les animaux ;

Blasphèmes dans les académies, dans les temples, dans les villes, dans les campagnes ;

Noires vapeurs qui s'élèvent jusqu'au trône de Dieu, et qui en font descendre le foudre,

Vous avez aimé la malédiction, elle tombera sur vous ; vous avez renoncé aux bénédictions du Ciel, vous en serez privés. Vous vous êtes revêtus de la malédiction comme d'un vêtement, vous en avez fait le sujet de vos discours ; elle pénétrera au dedans de vous, ainsi que l'eau s'insinue dans la terre, elle se glissera comme l'huile dans vos os.

Leur langue et leur bouche sont comme des sépulcres, d'où il ne sort que des exhalaisons infectes ; or leur langue sera brûlée, et leur bouche sera abreuvée du fiel des dragons, du venin des aspics.

Le blasphème, lancé contre Dieu, retombe sur nos têtes.

On a attaqué nos foyers, en blasphémant contre nos autels.

On a sapé la propriété, la famille, la société en blasphémant contre l'Eglise,

Et je vis s'élever de la mer une bête qui avait sur ses sept têtes des noms de blasphème ; elle ouvrit la bouche pour blasphémer contre Dieu, pour blasphémer son nom, et son tabernacle et ceux qui habitent dans le ciel.

Et les hommes étant frappés d'un feu dévorant

blasphémèrent le nom de Dieu, qui avait ses plaies en son pouvoir.

Ils blasphémèrent le Dieu du ciel, parce *que cette plaie était fort grande*, et ils ne firent point pénitence de leurs mauvaises œuvres.

Le Seigneur aurait-il donc renouvelé ses menaces : aveuglez le cœur de ce peuple, bouchez ses oreilles, et fermez ses yeux, de peur que ses yeux ne voient, que ses oreilles n'entendent, que son cœur ne comprenne et qu'il ne se convertisse à moi et que je ne le guérisse.

Et cependant le nom du Seigneur est grand parmi les nations de la terre. Du lever du soleil jusqu'à son coucher, on doit le respecter.

Q Seigneur, que votre nom soit béni!...

VIII

LA RÉPARATION.

Voici les paroles que le sage adressait au peuple de Dieu :

Ecoutez-moi, ô Israélites, vous qui êtes comme des germes divins et comme les enfants du Très-Haut.

Portez des fruits comme des rosiers plantés sur le bord des eaux.

Répandez par vos vertus une agréable odeur, comme le Liban par l'encens qu'il produit.

Portez des fleurs comme le lis; jetez une odeur douce; chantez des cantiques et bénissez le Seigneur dans ses ouvrages.

Relevez son nom par de magnifiques éloges. Louez-le par les paroles de vos lèvres, par le chant de vos cantiques et par le son de vos harpes.

Sanctifiez le jour du Seigneur par le repos et la prière.

Et vous direz ceci dans les bénédictions que vous lui donnerez :

La bénédiction que Dieu donne à son peuple fidèle est comme un fleuve qui coule à pleins bords.

O vous qui travaillez, au nom de la France, au nom de votre patrie, à laquelle vous donnez vos sueurs, votre or, votre sang, faites réparation.

Sanctifiez le dimanche ; ne blasphémez plus.

IX

DEUX ŒUVRES RÉPARATRICES.

Œuvre du Vœu national au Sacré-Cœur de Jésus,

et

**Pèlerinage de Saint-Joseph de l'Espérance
et de Bon-Secours.**

I

ŒUVRE DU VŒU NATIONAL.

Cette œuvre a pris naissance au milieu de nos revers ; elle est établie pour obtenir du Seigneur la délivrance du Souverain Pontife et le salut de notre bien-aimée Patrie. C'est une œuvre de délivrance et d'expiation. Pour cette double intention, elle propose à tous ceux qui sont touchés de nos malheurs, qui en reconnaissent les causes et qui en acceptent le remède :

1° De faire un acte solennel de Foi en N.-S. J.-C., d'expiation de nos iniquités et de confiance dans le cœur sacré du Sauveur ;

2° D'aider à l'érection d'une église votive monumentale à Paris, qui, à côté des spectacles des plus sublimes vertus, a donné l'exemple des plus grands crimes. Nulle part l'expiation ne sera mieux placée, ni plus éclatante ; ce sanctuaire sera comme une sorte de paratonnerre sacré qui préservera la France des coups de la justice divine. Par lui, la France coupable et châtiée dira : Pardon, Seigneur, j'ai péché. Et l'inscription du sanctuaire sera : *Au Christ et à son sacré Cœur, la France pénitente et consacrée. Christo ejusque sacratissimo Cordi Gallia pœnitens et devota.*

Notre Saint-Père le Pape a daigné accorder de grand cœur sa bénédiction à cette œuvre réparatrice. Mgr l'Archevêque de Paris a bien voulu l'approuver formellement et lui donner son paternel appui. Un grand nombre d'archevêques et d'évêques lui ont donné les plus chaleureux encouragements.

Un comité a été formé pour la première organisation de l'œuvre, et Mgr l'Archevêque de Paris lui a donné pour directeur spirituel un vicaire général de son diocèse (1).

____

(1) Pour tous les renseignements s'adresser : à M. Th. Dauchez ou à MM. Legentil et Rohault de Fleury, rue de Furstenberg, 6.

II

ŒUVRE DE SAINT JOSEPH DE L'ESPÉRANCE ET DE BON-SECOURS.

En ces jours, chacun se pose inévitablement cette question : Qui nous délivrera de nos maux ? D'où viendra le salut ?

A cette demande, la voix la plus autorisée de l'univers, celle de Pie IX, répond : *Allez à Joseph*, je l'établis Patron de l'Eglise.

Pour perpétuer à jamais cette réponse, on élève au centre de la France, sur une haute montagne, à Néris-les-Bains (Allier), une chapelle à saint Joseph. La chapelle sera précédée d'une tour, que dominera la statue du saint Patron de l'Eglise catholique.

Cette œuvre est donc née sous l'inspiration du vénéré Pontife du Vatican.

Le but de l'œuvre est général et particulier. Le but général est de mettre sous la protection de saint Joseph une triple espérance :

L'espérance : 1° que la France restera la fille aînée de l'Eglise ; 2° qu'elle vivra encore de la foi des Charlemagne et des saint Louis ; 3° qu'elle recouvrera les provinces arrachées à son amour.

Le but particulier est d'implorer le secours de saint Joseph pour la guérison des malades qui viennent à Néris ; et de mettre toute la contrée sous sa protection spéciale.

Voilà pourquoi l'œuvre se nomme Saint-Joseph-de-l'Espérance et de Bon-Secours. Elle a reçu l'approbation de Mgr de Dreux-Brézé, évêque de Moulins; des cœurs généreux, par de nombreuses offrandes, ont permis d'élever l'abside de la chapelle, de placer sur la montagne une magnifique statue de saint Joseph, et de faire le chemin qui conduit au Pèlerinage, qui attire déjà un grand nombre de pèlerins (1).

(1) Pour ce qui regarde l'œuvre, s'adresser à M. l'abbé Clément, à Néris-les-Bains (Allier).

TABLE.

—

FIN.

1000. Grenoble, imprimerie de E. DARDELET. 7542.